1ª edição
5.000 exemplares
Janeiro/2015

© 2015 by Boa Nova Editora

Capa
Juliana Mollinari

Diagramação
Juliana Mollinari

Revisão
Maria Carolina Rocha
Paula Lopes

Coordenação Editorial
Ronaldo A. Sperdutti

Todos os direitos estão reservados.
Nenhuma parte desta obra pode ser reproduzida
ou transmitida por qualquer forma e/ou quaisquer
meios (eletrônico ou mecânico, incluindo fotocópia e
gravação) ou arquivada em qualquer sistema ou banco
de dados sem permissão escrita da Editora.

O produto da venda desta obra é destinado à
manutenção das atividades assistenciais da
Sociedade Espírita Boa Nova, de Catanduva, SP.

1ª edição: Janeiro de 2015 - 5.000 exemplares

BIP 886

ETNA LACERDA

Instituto Beneficente Boa Nova
Entidade coligada à Sociedade Espírita Boa Nova
Av. Porto Ferreira, 1.031 | Parque Iracema
Catanduva/SP | CEP 15809-020
www.boanova.net | boanova@boanova.net
Fone: (17) 3531-4444

Dados Internacionais de Catalogação na Publicação (CIP)
(Câmara Brasileira do Livro, SP, Brasil)

Lacerda, Etna
   BIP 886 / Etna Lacerda. -- Catanduva, SP :
Boa Nova Editora, 2015.

   ISBN 978-85-8353-017-6

   1. Espiritismo 2. Literatura infantojuvenil
I. Título.

15-00090   CDD-028.5

Índices para catálogo sistemático:

1. Espiritismo : Literatura infantil   028.5
2. Espiritismo : Literatura infantojuvenil   028.5

SUMÁRIO

Capítulo I..7

Capítulo II...11

Capítulo III..15

Capítulo IV..19

Capítulo V...25

Capítulo VI..31

Capítulo VII...37

Capítulo VIII..43

Capítulo IX..49

Capítulo X...53

Capítulo XI..61

Capítulo XII...67

Capítulo XIII..71

Capítulo XIV..75

Capítulo XV 79

Capítulo XVI..85

CAPÍTULO I

Naquele dia, Lucas pulou da cama mais cedo. Ele precisava concluir uma pesquisa de Biologia. O menino separou vários livros na mesinha de seu quarto. Ele abria apressadamente cada um deles à procura de textos sobre o tema. Seus dedinhos ágeis folheavam rapidamente, quando uma folha de papel e um envelope caíram aos seus pés.

Na inquietação dos seus doze anos, jogou para trás a mecha de cabelos que lhe caía nos olhos para verificar o que tinha caído. Com o pedaço de papel nas mãos, sua expressão mudou ao ler o que estava escrito – "BIP 886 – salvo das chamas" e, no envelope, a seguinte frase: "Procure o senhor Hipólito, que mora na casa da ilha do lago Celta. Por favor, entregue-lhe o envelope, ele saberá o que fazer."

Colocou o papel sobre a mesa e, na curiosidade própria de sua idade, já estava decidido a abrir o envelope. Ao ler a palavra – CONFIDENCIAL, o menino lembrou quanto era desrespeitoso abrir correspondências alheias. Ainda mais com essa indicação.

Sua memória recuou a quando tinha dez anos e passou as férias com os avós na Fazenda Boa Nova, no interior do estado. Lucas lembrava claramente quando seu avô Josiel, muito doente, chamou-o e entregou-lhe a pequena folha de papel e o envelope.

O jovem recordava os olhos ternos do avô fitando-o e falando baixinho:

– Guarde isso e siga as instruções. Tenha certeza que vai ser muito bom para você. Prometa-me que ficará tudo entre nós e não contará nada a ninguém. Principalmente à sua avó Amélia.

– Prometo. Respondeu Lucas

O menino quis fazer mais perguntas, mas seu avô

colocou os dedos nos lábios em sinal de silêncio, ao ver Amélia entrando no quarto.

– O que vocês estão conversando tão pertinho um do outro? Algum segredo?

A conversa foi encerrada e ambos trocaram olhares de cumplicidade. Dias depois seu avô falecia e a família de Lucas retornou à capital.

CAPÍTULO II

Meu pequeno leitor, não pense que Dona Amélia era uma pessoa ranzinza. Ela tinha um temperamento um pouco... Bem, vou deixá-lo tirar suas próprias conclusões. A senhora amava muito Lucas, que era seu primeiro e único neto. Ela não gostava que seu marido conversasse com o menino certos assuntos, que dizia serem ideias absurdas. Quando percebia que conversavam animadamente, sempre o chamava oferecendo guloseimas, que ela sabia que Lucas jamais rejeitava. O menino percebia

BIP 886

o desapontamento do avô com a intromissão dela. Naquela época, por ser muito criança, Lucas não entendia quando Josiel lhe falava de vida em outro mundo. Ele não entendia as explicações sobre assuntos desconhecidos para ele. Quando o menino comentava esses temas com Dona Amélia, ela sempre o advertia:

– Não acredite nessas ideias loucas de seu avô. Ele está velho, doente e só fala bobagens. Não confie em suas palavras.

Lucas não concordava. As atitudes de Josiel eram muito coerentes, apesar de seu avô estar debilitado.

Aquelas lembranças lhe trouxeram saudades dos avós e da Fazenda Boa Nova. Saudade dos passeios, dos doces da avó Amélia, feitos com frutas fresquinhas colhidas no pomar.

Boas lembranças, mas Lucas precisava terminar seu trabalho escolar. Quando foi arrumar a mesa, a folha e o envelope despertaram outra vez a sua curiosidade.

O que seria BIP 886? Um código? Uma senha numérica? Quem seria esse tal homem da ilha de nome Hipólito? Siglas, números, correspondências sigilosas, promessa de segredo. Lucas pensou em voz alta:

– Há muito mistério envolvendo tudo isso. Eu preciso voltar à Fazenda Boa Nova e tentar descobrir.

ETNA LACERDA

O jovem colocou o papel e o envelope dentro de uma gaveta e resolveu dar um tempo.

Logo a seguir, foi falar com sua mãe.

– Mãe, que tal irmos à fazenda Boa Nova nas próximas férias? Nós precisamos visitar vó Amélia.

Dona Beatriz, mãe de Lucas, concordou com a proposta do filho. A avó Amélia estava muito sozinha com a ausência do marido. Ela estava precisando muito da presença e do carinho dos familiares.

CAPÍTULO III

O nome da fazenda foi escolhido por Josiel. Ele dizia que boa nova quer dizer boa notícia. E dali, daquela fazenda, deveriam sair somente coisas boas. O local, na época de Josiel, tinha muitas árvores frutíferas e uma variedade de flores no pequeno jardim, que ele mesmo cuidava. Verduras e legumes frescos eram colhidos quase todos os dias. Uns eram consumidos na própria fazenda e outros distribuídos entre os empregados. A localidade possuía uma grande área que se estendia até um riacho

BIP 886

de águas cristalinas, em que nadavam lindos peixinhos. Seu avô não permitia que os peixes fossem retirados das águas, local onde nadavam livres, para serem aprisionados em aquários estreitos.

Faltavam alguns meses para as férias de dezembro. A ansiedade de Lucas se dividia entre estar na fazenda para desfrutar as férias e conhecer o senhor, que morava na casa da ilha.

Enfim, veio o dia da tão sonhada viagem.

Ao chegar à fazenda, Lucas percebeu muitas mudanças. Os canteiros floridos, em volta da casa, estavam cheios de mato. A pequena horta estava abandonada. Lucas procurou Jorge, o caseiro da fazenda, e ficou sabendo que o cavalo que era usado para seus passeios tinha sido vendido.

Depois de percorrer o entorno da casa, Lucas subiu as escadas e foi até o escritório que pertenceu ao avô. O menino tinha esperança de descobrir algo sobre o BIP 886. Quem sabe seu avô tinha deixado alguma pista.

A porta, porém, estava fechada. O jovem correu e pediu a avó para abri-la. A senhora, sem dar muita atenção, respondeu laconicamente:

– Não.

ETNA LACERDA

Uma vez que o menino insistia, Dona Amélia respondeu um tanto aborrecida:

– Está vazia. Não tem mais nada lá dentro. Esqueça e vá brincar.

O menino saiu e sentou-se embaixo de uma árvore, olhando a janela fechada do escritório e lembrou o dia em que entrou ali pela primeira vez. Foi quando seu avô levou o carro para a oficina.

O menino, ao passar pela porta, viu que estava apenas encostada. Bastou um empurrãzinho e... Pronto, ela se abriu convidando-o a entrar.

Era uma sala pequena com uma mesa e uma estante cheia de livros. Alguns retratos de pessoas que pareciam importantes. Os livros estavam todos encapados com um papel de cor parda. Na lombada apenas letras, como os livros das bibliotecas que frequentava.

Devo explicar a você, amigo leitor, que naquela época os livros não possuíam capas atraentes. Eles não tinham figuras coloridas com brilho, títulos em autorrelevo, como as publicações atuais. Algumas pessoas encapavam com papel de cor parda para protegê-los da poeira. Atualmente, as pessoas preferem as capas transparentes, que protegem sem esconder-lhes a beleza.

Lucas olhava atentamente cada livro e pensava:

Será que eles estavam encapados para protegê-los da poeira ou para esconder seus nomes? Todo aquele ambiente deixava muitas indagações na cabeça do menino. Tudo a sua volta parecia esconder algo misterioso.

De repente, ouviu passos e sentiu que alguém se aproximava. Nem teve tempo de virar-se, pois uma mão lhe tocara o ombro dando-lhe o maior susto.

– Desculpe-me por assustá-lo, meu pequeno, mas como encontrou a chave?

Era sua avó Amélia. Já refeito do susto, ele explicou:

– A porta não estava trancada e resolvi entrar.

– Seu avô anda muito esquecido, essa porta deveria estar trancada. Você não deveria ter entrado. Vamos sair, aqui não tem nada que lhe interesse.

CAPÍTULO IV

Daquele dia em diante, ele recordava a preocupação da avó em verificar se a porta do escritório estava fechada.

Aquelas lembranças estavam bem nítidas em sua cabeça. Havia muitos livros no escritório, que agora estava completamente vazio. Onde estariam os livros e sobre o que eles tratavam?

Lucas resolveu procurar sua avó Amélia para saber:

– Vó, onde estão os livros do meu vô?

BIP 886

Sua avó largou a faca que cortava os legumes, parou um pouco e respondeu:

– Aqueles livros velhos? Para que quer saber? Ele deu um fim qualquer. Deve ter doado a algum amigo.

– Que amigo?

– Não sei. Talvez ao mecânico ou a outra pessoa conhecida. Aqueles livros não têm nada de importante. Esqueça.

Lucas sentiu vontade de continuar a conversa, mas viu que sua avó estava ficando nervosa balançando a cabeça. Era assim que ela ficava quando queria encerrar o assunto.

– Chega de perguntas, aproveite o dia e vá brincar. Quando o almoço estiver pronto, eu vou chamá-lo.

O menino saiu, mas não quis brincar. Por que sua avó ficava tão nervosa quando ele falava sobre os livros? Será que aqueles livros decifravam o enigma do BIP 886?

O menino nem viu quando Jorge aproximou-se.

– Bom dia, Lucas. O que manda pra hoje?!

– Bom dia, Jorge. Eu não mando nada, estou só pensando.

– Pensando? Um menino na sua idade deveria estar brincando.

Os dois sorriram. Jorge sentou-se ao seu lado e começaram a conversar sobre a fazenda e o velho Josiel. Lucas então perguntou se ele conhecia um senhor chamado Hipólito, que morava numa ilha.

– Olha rapaz, nunca falei com ele, só sei que ele vinha algumas vezes à fazenda. Seu Josiel dizia que ele era um bom amigo. O Senhor Hipólito visitava o Senhor Josiel, que sempre ia à casa da ilha. Sua avó é que parecia não gostar muito desse senhor. Quer dizer, ela até que o recebia bem. Até que um dia Seu Hipólito trouxe uns livros.

Eles passavam horas lendo e debatendo embaixo dessa mesma árvore onde nós estamos. Dona Amélia parecia que não gostava e passou a reclamar da presença constante desse senhor na fazenda. Até que um belo dia aconteceu um fato.

Jorge ficou um pouco calado, como se estivesse arrumando as lembranças daquele dia.

– Que fato? Então, conta.

– As férias terminaram e você e seus pais voltaram para capital. Naquele dia, Dona Amélia estava nervosa e muito aborrecida com a presença daquele senhor. Acho que ele entendeu, pois se despediu e foi logo embora. Ela falava alto e eu escutava tudo. Dona Amélia dizia que viu você entrando no escritório do Seu Josiel. Ela estava zangada por ele não ter trancado a porta. De repente, parecia que discutiam baixinho. Depois ela me pediu para eu descer com os livros que estavam no escritório e colocá-los empilhados bem no meio do quintal.

– No meio do quintal?

– Sim, bem ali. Seu avô queria que eu colocasse os livros na caçamba da caminhonete. Sua avó insistia para que eu colocasse-os no chão. Eu fiquei sem saber o que fazer. Até que Seu Josiel, muito irritado, falou bem alto: "Amélia, você quer repetir o que aconteceu na Praça de Barcelona? Quando queimaram livros idênticos a esse por uma ordem absurda do bispo da cidade. Pense bem, Amélia, pare com isso, não estamos mais na época da Inquisição".

– E aí, o que aconteceu?

– Dona Amélia ficou calada, balançou a cabeça e saiu.

Seu Josiel pediu para eu arrumar os livros em caixas e colocá-los na caminhonete. E disse que ele mesmo entregaria a um amigo. Ele me agradeceu e saiu dirigindo a caminhonete. Daí em diante eu não soube o destino dos livros.

– Esse amigo seria o Senhor Hipólito?

– Pode até ser, mas não posso afirmar.

O pequeno Lucas ouviu curioso o fato narrado por Jorge. Ele ficou desconfiado que sua avó quisesse destruir os livros porque eles guardavam algum segredo.

– O que mais que você sabe sobre esse Senhor Hipólito? Perguntou Lucas.

– Eu sei que ele mora sozinho numa casa na ilha do Lago Celta. Ele é considerado um benfeitor da cidade. Você poderá obterá mais informações com Jeremias, o mecânico que consertava a caminhonete de seu avô. Os três eram muito amigos.

Lucas agradeceu e foi para seu quarto organizar as ideias. Era interessante conversar também com Jeremias. Todos deveriam saber sobre o BIP 886. Esse três homens: Josiel, Jeremias e Hipólito deviam fazer parte de uma organização secreta. Por isso, sua avó Amélia nunca permitia que ele conversasse a sós com o avô.

O menino lembrava que, certa vez, sem que percebessem, sua avó Amélia estava ao lado ouvindo o que falavam. Justo no momento em que Josiel citava a frase: "Há mais coisas entre o Céu e a Terra do que possa julgar vossa vã filosofia", ela interrompeu e pegou-o pelo braço.

– Não ouça essas tolices, venha tomar um delicioso sorvete de morango com calda de caramelo.

BIP 886

Lucas, como todo menino de sua idade, gostava de descobrir coisas e quanto mais misteriosas, melhor. Mas um sorvete de morango com calda de caramelo, fala sério, quem resistiria? Os mistérios entre o Céu e a Terra ficariam para depois. O problema é que as férias estavam terminando e logo ele e seus pais voltaram para a capital.

Lucas deixou a Fazenda Boa Nova com muitas dúvidas e o desejo de retornar em breve.

Em casa, a alegria dos amigos, as aulas, as competições de futebol no campinho, as divertidas brincadeiras fizeram Lucas esquecer um pouco a história do BIP 886.

Devo esclarecer a você, jovem leitor, que, na época do nosso amigo Lucas, os computadores não eram tão populares. Fique certo que se fosse atualmente, Lucas teria muitas maneiras de pesquisar até descobrir o significado das letras e dos números. Bem, se é que conseguiria...

CAPÍTULO V

O máximo que Lucas poderia fazer era pesquisar em bibliotecas, perguntar aos professores e ouvir opiniões dos colegas de classe.

Apesar de não simpatizar muito com o professor de Matemática, ele foi procurá-lo e mostrou as letras e os números. O professor olhou atentamente e disse:

– Lucas, isso não quer dizer nada, pelo menos, no âmbito da Matemática. Pode ser o código de algum desses aparelhos, que as pessoas chamam popularmente de BIP. Ou alguma invencionice de quem não tem o que fazer.

O professor devolveu o papel e agitou os cabelos de Lucas de um jeito carinhoso. O menino, porém, não gostava que ninguém agitasse seus cabelos, fazendo-os cair nos olhos. Isso o deixava muito aborrecido.

Lucas pegou o papel meio decepcionado. Ele não tinha nenhum aparelho de "bipar" mensagens. Não fazia sentido Josiel ter-lhe dado um código de acesso, sem ele possuir o aparelho. Seu avô também não era nenhum tolo, para lhe dar senhas, códigos ou siglas sem nenhum propósito.

Você deve estar se perguntando que aparelho é esse de bipar mensagens com código de acesso. O professor de Lucas se referiu a um Pager (pronuncia-se peiger). Pode-se até dizer que ele foi um precursor das mensagens de SMS dos celulares. Na época, era o recurso que as pessoas dispunham para se comunicarem. Por causa do som que emitia, os usuários o apelidaram carinhosamente de BIP. Era o sucesso do momento, como é hoje o uso dos celulares.

Se você visse um daqueles aparelhos, ficaria espantado. Os primeiros se pareciam com um controle remoto dos grandes. Eles tinham uma lâmpada que acendia e emitiam um apito ou BIP, quando se recebia uma mensagem. Estranho, não? A pessoa ligava para uma central de atendimento e informava o código do aparelho e falava o recado para a telefonista. Imagine que complicação! Bem, não vou me estender em explicações. Se você desejar, pode pesquisar na Internet. Hoje, graças ao progresso tecnológico, tudo ficou mais fácil.

Para Lucas, a conversa com o professor não adiantou nada. O papo com os amigos, pelo menos, era mais divertido. Havia os mais cautelosos, que diziam para tomar cuidado, pois poderia ser uma sociedade secreta. Daquelas que se a pessoa entrar nunca mais pode sair. Os mais curiosos ofereciam-se para descobrirem juntos. Outros suspeitavam de algo ligado a discos-voadores e que BIP 886 seria uma Galáxia distante, ainda não descoberta pela Ciência. Os medrosos achavam que a vida de Lucas poderia estar correndo perigo. Era melhor contar tudo aos seus pais.

Eram tantas suposições que Lucas só pensava no assunto e tinhas sonhos assustadores. Uma noite teve um dos piores pesadelos. Ele sonhou que BIP 886 era um alienígena que veio à Terra para dominar os humanos. Seu avô já estava totalmente dominado. Quem tinha o controle de tudo era o homem da ilha, que Josiel julgava ser um grande amigo.

Lucas acordou suado e ficou muito preocupado.

Aquela situação estava ficando fora de controle. Por isso, resolveu dar um tempo. Quando voltasse à fazenda, nas próximas férias, ele pensaria o que fazer.

O tempo foi passando até que, certo dia, sua mãe recebeu uma carta da avó Amélia. A senhora convidava a família para residir na Fazenda Boa Nova. A residência tinha muitos cômodos e ela estava se sentindo muito só, depois que seu companheiro se foi.

O pai e a mãe de Lucas avaliaram a possibilidade de fixarem residência na Fazenda Boa Nova. É claro que Lucas adorou a ideia.

Senhor Elias providenciou a transferência do Banco em que trabalhava. Dona Ester constatou que a capital estava ficando muito violenta e poluída. A qualidade de vida na fazenda era bem melhor. A pequena cidade já dava indícios de crescimento, sem altos índices de violência. Havia bom comércio, boas escolas e até uma Faculdade recém-inaugurada, além de muitas áreas verdes. Sem contar a satisfação de fazer companhia à sua mãe, Senhora Amélia. Por tudo isso, a mudança traria benefícios para todos.

Nas férias do fim de ano ficou decidido: venderiam a casa e a família Bernardes mudaria definitivamente para a bela Fazenda Boa Nova. Lucas ficou radiante com a novidade. O local tinha muito espaço para brincar e ele faria novas amizades. Imaginava os passeios nas trilhas da reserva, banhos de cachoeira e pesca nos rios e passeios de barco no lago. Ao pensar no lago, lembrou-se da casa da ilha e do tal amigo de seu avô. Seria uma ótima oportunidade de desvendar todo aquele mistério.

Por enquanto, não contaria nada aos pais, por ser algo que ele mesmo nem sabia do que se tratava. Se a mãe conhecesse a história contaria para avó Amélia... E as coisas se complicariam. Dentro de sua cabecinha, ele tinha certeza que seu avô Josiel não o colocaria em nenhuma situação perigosa. Lucas percebia o quanto ele o amou, pelos bons conselhos, pelas atitudes gentis e carinhosas e pelo incentivo aos estudos. E, acima de tudo, segredo é segredo, contar para uma pessoa já é quebra de sigilo.

CAPÍTULO VI

Quando tudo ficou acertado, a família Bernardes chegou à nova residência. Lucas escolheu seu quarto e pediu à Senhora Amélia para ocupar o escritório que pertenceu ao avô e transformá-lo em local de estudos. Dona Ester tratou de preparar o jardim para receber as mudas de suas roseiras preferidas. Orientou Jorge, o caseiro, para podar as árvores e plantar mais árvores frutíferas. O Senhor Elias cuidou de adubar a pequena horta, para ter verduras fresquinhas e saudáveis. Esse seria um passatempo para aliviar o estresse do trabalho.

A primeira semana foi de arrumação e limpeza para os adultos e de brincadeiras para Lucas e os novos amigos. Na semana seguinte, seu pai o chamou para comprar peixes frescos na Colônia de Pescadores. Ambos saíram na caminhonete e, ao chegar ao lago Celta, Lucas viu uma pequena ilha e uma casa bem no centro. Era a única residência da ilha. O menino observou atentamente, arregalou os olhos e falou baixinho:

– Só pode ser ela, a casa de Hipólito!

No outro dia, acordou cedo e pediu aos pais para dar um passeio de barco no lago Celta. Eles lhe deram dinheiro e aconselharam-no a ir com Jorge. É sempre bom ter a companhia de um adulto.

Ao chegarem às margens do lago, Jorge alugou um pequeno barco. Lucas então explicou ao caseiro o motivo do passeio. Ele pretendia ir sozinho à casa do homem da ilha. Jorge pensou um pouco. Depois concordou. Afinal, a viagem era curta e não havia perigo algum. O caseiro aproveitaria para comprar uns peixes para a Senhora Amélia.

Ao citar o nome da avó, Lucas pediu para Jorge não contar nada para ela. Jorge respondeu:

– Deixa comigo. Se ela souber que você foi sozinho, aí vai sobrar para mim.

ETNA LACERDA

Lucas, de início, sentiu-se radiante, era a primeira vez que fazia um passeio de barco sozinho. Havia também a expectativa de conhecer o solitário homem da ilha e, quem sabe, desvendar outros segredos.

O barulho das águas e o ritmo cadenciado dos remos estimulavam uma conversa. Lucas quebrou o silêncio.

– Aquela é a casa do Senhor Hipólito? Perguntou ao barqueiro.

– Sim, respondeu o homem.

– Este senhor deve ser muito estranho. Morar em uma ilha sozinho, sem amigos.

O barqueiro sorriu e respondeu:

– Nada disso, menino, Senhor Hipólito não é um homem solitário. Ele tem amigos que gostam muito dele. Está sempre recebendo visitas. Senhor Hipólito é homem atencioso e gosta de ajudar as pessoas que o procuram. Ele parece ser muito estudioso. Está sempre recebendo encomendas vindas da capital. Diz que são livros.

– Você já viu algum desses livros?

– Não, só as caixas. Respondeu o barqueiro.

Na imaginação do jovem, ele via caixas e caixas de conteúdo desconhecido com carimbo de CONFIDENCIAL. Seriam mesmo livros? O barqueiro despertou-o de seus pensamentos, quando encostou o barco em uma pequena ponte. Lucas desceu e observou tudo à sua volta.

Havia uma escada com degraus para chegar até a casa. Ao pé da escada, tinha um mastro com duas bandeiras: uma brasileira e outra nas cores azul, branca e vermelha, que ele identificou: a bandeira da França. Ao lado das bandeiras, um pequeno sino com uma tabuleta, onde se lia: PARA CHAMAR, TOQUE O SINO.

Lucas agitou a cordinha e o soar do sino ecoou por toda ilha. Imediatamente, apareceu um rosto em uma das janelas, convidando-o a subir.

A cada degrau que ele subia, sua curiosidade aumentava. Até que a porta se abriu e Lucas se viu diante de um homem.

Era um senhor de estatura mediana. No rosto rechonchudo um sorriso simpático, um bigode espesso, uns óculos de aro redondo fora de moda. Cabelos ligeiramente grisalhos. Lucas ficou parado, analisando aquele senhor, que lembrava um dos retratos que vira no escritório do avô.

– Não fique aí parado. Entre, *mon petit* (Lê-se mom peti). Peço-lhe permissão para chamá-lo de *mon petit*. É uma forma carinhosa no idioma Francês. Era assim que meu pai me chamava, quando não era para me dar alguma bronca. Quando me chamavam: Hipólito... Aí as coisas não eram muito agradáveis.

O rosto redondo de Hipólito se encheu de um sorriso cordial.

– Muito prazer, meu nome é esse mesmo que você ouviu, Hipólito.

Lucas esboçou um leve sorriso pela boa recepção.

– Muito prazer também, Senhor Hipólito, sou Lucas. Não sei bem o que é "*mon petit*". Estou mais acostumado a ouvir bom apetite.

Hipólito tornou a sorrir e explicou:

– A tradução é meu pequeno. Agora, faça-me o favor de entrar, *mon petit* Lucas.

O menino ficou um pouco indeciso, mas resolveu entrar.

CAPÍTULO VII

Ao entrar, Lucas verificou que o ambiente era de muita simplicidade. O Senhor o convidou a sentar-se. Hipólito, percebendo o olhar inquieto de Lucas e sua mão procurando algo no bolso da bermuda, falou:

– Estou observando que você tem algo a me dizer.

Ajeitando-se na cadeira, o menino estendeu-lhe o papel que recebera do avô:

– Preciso saber o que quer dizer BIP 886.

BIP 886

Hipólito pegou o papel, ajeitou os óculos e pigarreou duas vezes. O homem leu com atenção e convidou Lucas a acompanhá-lo a uma sala contígua. Ao chegarem ao outro ambiente, Lucas viu uma estante com muitos livros. Todos encapados de papel cor parda. Exatamente iguais aos que ele vira no escritório do avô. De olhos atentos, Lucas logo percebeu que, com certeza, seriam os livros de Josiel. Hipólito acompanhou o olhar do menino e deu um leve sorriso. Lucas correspondeu com um meio sorriso. Mais tranquilo, perguntou:

– Todos esses livros são seus?

– Posso dizer que são nossos. A maioria me foi doada pelo seu avô. Os livros estão comigo, mas também pertencem a você.

Hipólito sorriu. Lucas não correspondeu, expressou um olhar descrente e pensou.

Para que vão me servir livros, cujo conteúdo eu desconheço? Minha avó Amélia tem suas razões.

Sentados frente a frente, Hipólito olhou bem fundo nos olhos de Lucas. Parecia até que lia os seus pensamentos.

– Os bons livros sempre trazem conhecimento que nos ajudam a viver. A respeito do BIP 886, nós precisamos conversar. Eu tenho de lhe explicar como tudo começou.

– Eu sou brasileiro, mas meus bisavós e avós eram

- 38 -

de origem francesa. Meu bisavô François nasceu numa cidade francesa vizinha à Espanha. Por ser homem de posse e amante dos livros, ele comprou uma livraria na cidade de Barcelona. Certa manhã de outubro, a praça principal de Barcelona estava em total rebuliço. Muitas pessoas se aglomeraram em volta da praça, onde havia muitos livros empilhados.

Heitor, um amigo livreiro de François, comentava o assunto do dia: um Ato de Fé onde seriam queimados trezentos livros. François, como vendedor de livros, ficou indignado. Ele fechou a loja e ambos dirigiram-se ao local para saber detalhes.

Ao chegar à praça, havia grande movimentação. A multidão procurava o melhor lugar para assistir ao ato. Um padre revestido de roupas sacerdotais caminhava resoluto, numa mão trazia uma cruz e na outra uma tocha. Minutos depois uma grande fogueira consumia os livros.

Algumas pessoas se benziam; outras, com olhares curiosos, proferiam gritos de indignação. François olhava indignado, pensando:

– Por que queimar tantos livros? O que teria de tão pernicioso nessas páginas?

Lucas lembrou que sua avó Amélia quis também queimar os livros de Josiel.

Hipólito continuou contando.

– Finalmente, o fogo apagou, restando somente cinzas. As pessoas correram, em busca de algo que não foi consumido pelas chamas. François foi até o monte de cinzas e recolheu um pedaço de papel chamuscado e a capa ainda intacta de um dos livros. A publicação trazia o nome do autor que era desconhecido para ele.

Lucas, cheio de curiosidade, perguntou:

– O que estava escrito no papel?

– Deixe-me continuar, depois lhe explico. Esse pedaço de papel e a capa do livro foram passados de geração em geração.

No outro dia, os jornais noticiaram que os livros vieram da França para um livreiro chamado Lachâtre. Apesar das taxas alfandegárias pagas, as obras foram retidas pelo governo espanhol. O bispo de Barcelona foi chamado e ordenou a queimação na praça principal da cidade, onde os criminosos eram executados.

Anos depois, meu bisavô fechou a loja e voltou a residir na França. Lá, ele tomou conhecimento de livros iguais aos que foram queimados em Barcelona.

O jovem pediu licença para falar.

– Estou achando muito interessante essa história, mas que ligação tem tudo isso com BIP 886?

Sem dizer nada, Hipólito abriu uma gaveta e retirou um pedaço de papel envelhecido pelo tempo e a capa de um livro e entregou-os a Lucas.

– Esse foi o papel salvo das chamas e essa, a capa do livro.

O menino olhou atentamente e falou:

– Ah! Que bom, tudo em outro idioma. Como vou entender o que está escrito?

– Eu traduzo para você. Na capa do livro está escrito "O Livro dos Espíritos".

Lucas afastou-se muito assustado.

– Nossa! Livro de fantasmas. Não quero saber nada disso. Eu nunca deveria ter vindo aqui.

Antes que Hipólito falasse qualquer coisa, o menino soltou a capa do livro sobre a mesa. Saiu derrubando cadeiras, abriu a porta e desceu tropeçando nos degraus. Acenou para o barqueiro e, muito pálido, entrou na embarcação. O dono do barco observou a palidez e a agitação de Lucas e indagou:

– Você está bem? Parece que viu um fantasma.

Lucas olhou para o barqueiro mais assustado ainda.

– Sem essa, eu estou bem. Por favor, vamos embora desse lugar, agora. Jorge já deve estar cansado de esperar.

CAPÍTULO VIII

Ao chegar à outra margem, Lucas foi para casa sem falar nada com Jorge e seus pais. Toda aquela aventura não lhe saía da cabeça. A casa da ilha, o Senhor Hipólito com suas histórias da fogueira e livro de fantasmas.

À noite, Lucas demorou a dormir, pois os pensamentos pululavam em sua cabeça de jovem indagador. Quando adormeceu, teve um sonho interessante. Ele e seu avô corriam por uma linda campina até as margens de um lago, que ele reconheceu ser o lago Celta. Lucas ficou paralisado, olhando a casa da ilha envolvida em chamas. Seu avô, acariciando seus cabelos, dizia: O fogo consome tudo, mas das cinzas surge a verdade.

O jovem acordou assustado, sentindo uns dedos afagando seus cabelos. Era sua mãe acariciando-o e procurando acalmá-lo. Lucas achou o sonho meio confuso, talvez resultado de suas preocupações. Um cheirinho bom de café o fez voltar à realidade, sair da cama e ir até a cozinha.

Depois do café, as ideias foram ficando mais claras. O menino se sentia ridículo, por ter saído da casa de Hipólito de uma maneira repentina e tão deseducada. Ele não costumava ter esses comportamentos. Se existiam fantasmas na ilha, provavelmente Hipólito estava tentando lhe explicar. Antes de voltar à casa da ilha, Lucas pensou em ter uma conversa com Jeremias. O mecânico era também amigo de Hipólito e deveria saber mais sobre a vida daquele senhor.

Ao chegar à oficina, ele perguntou a um dos funcionários pelo mecânico. Logo, alguém que estava embaixo de um carro respondeu:

– Sou eu. O que deseja?

Ao sair debaixo do veículo, Jeremias deu um largo sorriso.

ETNA LACERDA

– Olá, menino Lucas. Como você cresceu. Está um jovem simpático. Que bom ver o neto de Seu Josiel visitando minha oficina. Algum problema com a caminhonete?

Lucas deu um sorriso meio encabulado e respondeu:

– A caminhonete está ótima. Eu gostaria de conversar com o senhor, se não estiver atrapalhando.

Jeremias, sempre sorridente, balançou negativamente a cabeça. Imediatamente, ambos foram para a modesta casa de Jeremias, que ficava nos fundos da oficina.

Ao entrar no pequeno aposento, os olhos do menino se fixaram em um pequeno móvel com vários livros. Todos encapados com papel cor parda, como os que ele vira em casa de Hipólito. Os livros seriam também do seu avô? Lucas não se sentiu à vontade para perguntar. Apenas iniciou a conversa, questionando:

– O Senhor é muito amigo do homem da ilha?

– Que homem da ilha? Bem... Você quer dizer, Hipólito, que mora na casa da ilha.

– Isso mesmo, Hipólito.

– Sim, somos muito amigos.

– Meu avô também era amigo dele. Minha vó Amélia é que parece não simpatizar muito com esse senhor, talvez por ser muito estranho e morar sozinho numa ilha.

- 45 -

– Sinceramente, menino Lucas, eu desconheço os motivos de Dona Amélia não simpatizar com Hipólito. O fato de ter construído uma casa numa ilha não é para viver isolado. Ele encontrou o lugar ideal para seus estudos. Eu posso lhe assegurar que Hipólito não tem nada de estranho ou misterioso. Há muitos anos somos amigos. Eu tenho conhecimento de suas origens. Hipólito é brasileiro, mas seus avós e seus pais eram franceses. Os avós dele chegaram ao Brasil na época do rei Dom Pedro II. O avô era homem de posses. Esse Senhor comprou terras em leilão, oferecidas pela corte, para produção de café. Na época, uma verdadeira riqueza. Vieram muitos estrangeiros para trabalhar nas plantações. Quando o produto foi perdendo valor, o que restou foram muitas terras improdutivas. Com a morte dos avós e dos pais, Hipólito e seu irmão mais velho se tornaram os únicos herdeiros de uma imensidão de terras. O irmão de Hipólito voltou para a França. Hipólito, por gostar muito do Brasil, ficou por aqui.

– Quer dizer que os antepassados de Hipólito eram amigos do rei?

– Se eram amigos não posso lhe afirmar. Eles tinham uma ligação comercial com os nobres da corte.

– Então, as terras, o lago e a ilha pertencem a Hipólito?

– Isso mesmo, a área das terras incluía o lago e a

ETNA LACERDA

ilha. A casa foi construída posteriormente, por Hipólito, que é engenheiro.

– Então, esse Senhor Hipólito é muito rico. Deve ter vendido e alugado muitas terras na cidade.

– Não foi bem assim. Hipólito não é tão rico como se pensa.

– Como assim? Não é rico? Se meus pais possuíssem todas essas terras, um lago e uma ilha, eles estariam milionários. Eu como herdeiro estaria numa boa.

CAPÍTULO IX

Jeremias sorriu e até achou natural o argumento do jovem. No entanto, o mecânico explicou como Hipólito administrou toda a herança dos avós.

– Hipólito é um bom homem. Ele é considerado o benfeitor dessa cidade. Ele doou muitas terras. Não sei se você tem conhecimento, a Fazenda Boa Nova, que foi residência da família de Hipólito, foi doada a Josiel e a Dona Amélia. Outra doação foram terras para os pescadores construírem a Cooperativa e suas residências, além do terreno para a construção da creche. Tudo foi doado por ele e registrado em cartório. Ele continua ajudando às famílias da região. Assim é Hipólito, vive sozinho naquela ilha, mas não é um solitário. Todos da cidade gostam muito dele. Ele recebe visitas das pessoas que lhe são gratas.

Jeremias continuou falando das benfeitorias feitas por Hipólito na pequena vila. Que graças à sua ajuda, transformou-se em uma cidade encantadora.

Lucas ouvia com atenção e pensava: Então, Hipólito era uma pessoa do bem. Outra imagem ia surgindo para ele sobre o homem da ilha. O jovem lembrou também seu avô Josiel. Homem paciente, respeitoso, compreensivo e sempre disposto a ajudar.

– Meu avô era também uma pessoa muito boa. Isso explica a ligação entre eles.

– Realmente, eles tinham muita afinidade, pareciam dois irmãos. Porém, ambos tinham mais coisa em comum, que fortalecia ainda mais a amizade. Eram estudiosos e pesquisadores. Eles tinham o mesmo ideal, estudavam e difundiam a Doutrina dos Espíritos.

Ao ouvir a palavra espíritos, Lucas resolveu encerrar a conversa. Aquele papo de mortos, espíritos, não era muito agradável no momento. Era melhor que todas as

ETNA LACERDA

dúvidas fossem esclarecidas pelo homem da ilha. O jovem despediu-se de Jeremias e foi para casa com uma decisão: voltar à casa da ilha. Ele precisava entender essa história de espíritos ou fantasmas e desvendar de vez o mistério do BIP 886. Havia também outro motivo, entregar o envelope. Naquele dia, ele saiu tão apressado que se esquecera de entregá-lo a Hipólito.

No dia seguinte, acordou bem disposto e avisou a mãe que ia visitar um amigo. Amigo? Ele mesmo se surpreendeu. Será que ele já considerava Hipólito como amigo? Convenceu a si mesmo que usou a palavra amigo para não dar maiores explicações.

O sol abria seus raios como um leque de luz, descobrindo a beleza das cores despertando a natureza.

O jovem Lucas iniciou uma caminhada até o lago Celta. Afinal, o dia prometia muitas surpresas e descobertas.

Ao chegar ao destino, ele combinou com o mesmo barqueiro a pequena viagem à casa de Hipólito.

Chegando à ilha, Lucas saltou para a rústica ponte. Ele olhou as duas bandeiras que tremulavam como uma saudação. Mais uma vez, puxou a cordinha do sino anunciando sua presença e subiu mais confiante as escadas.

Hipólito já o aguardava com leve satisfação no rosto.

– *Mon petit* Lucas, que bom que você voltou. Seja bem-vindo.

Lucas desta vez achou Hipólito mais simpático. O bigode, o cabelo grisalho, os óculos fora de moda, os dedos roliços até que lhe caíam bem.

CAPÍTULO X

– *Mon petit* Lucas, que bom recebê-lo. Seja bem-vindo.

Lucas meio encabulado respondeu:

– Senhor Hipólito, eu quero me desculpar pela maneira repentina como saí da última vez que estive aqui. Eu fiquei muito assustado com aquelas histórias de fogueira e espíritos

Hipólito não respondeu, balançou afirmativamente

a cabeça e sorriu como a dizer que estava tudo bem. O jovem foi convidado a entrar e ambos se dirigiram para a sala dos livros. Antes de sentar-se, Lucas retirou o envelope do bolso e entregou-o ao senhor.

– Esse envelope é para o senhor. Meu avô pediu-me para entregar-lhe.

Hipólito abriu o envelope e percebeu por cima dos óculos que o jovem estava curioso para saber o conteúdo. Para satisfazer sua curiosidade, o senhor devolveu-lhe o envelope, dizendo:

– Veja Lucas, é a planta de uma casa desenhada por Josiel.

– Planta de uma casa? Precisava ter o aviso de confidencial?

– Lucas, todos nós somos movidos pela curiosidade, estamos sempre querendo saber mais sobre o desconhecido. Se assim não fosse, o progresso material da espécie humana seria muito lento. Aposto que você veio até aqui para saber sobre o BIP 886 e a palavra confidencial estimulou sua curiosidade.

– É... Quero saber, também, sobre esse livro dos fantasmas.

Hipólito, dessa vez, deu um largo sorriso.

– Lucas, o nome é "O Livro dos Espíritos".

– Fantasma e espírito não é a mesma coisa? Argumentou o jovem.

– Não. Fantasmas, na maioria das vezes, são criações mentais. Estão ligados a fantasias. Ou são personagens engraçados e assustadores, que aparecem em contos, desenhos animados e em filme de terror. O nome fantasma está associado aos espíritos, porém não é a mesma coisa. Apesar de encerrarem um fundo de verdade.

– Eu sei. Como o Gasparzinho, o fantasma camarada, o amiguinho invisível.

O senhor foi buscar na estante um livro, retirou o papel cor parda e entregou-o ao menino.

– Este é "O Livro dos Espíritos", uma das primeiras edições traduzida para o português. Foi um como este que foi queimado em Barcelona. O conteúdo deste livro traz benefícios para melhorar os homens no que diz respeito ao seu progresso moral e espiritual.

Consequentemente, o mundo se torna melhor. Ele trouxe a luz do conhecimento. Quem somos, de onde viemos e para onde vamos. A história como surgiu esse maravilhoso livro é muito interessante.

Lucas distraiu-se um pouco pensando: Ah, meu Deus, lá vem mais histórias. Por que ele não vai direto ao assunto? Hipólito esboçou um leve sorriso parecendo até que lia seus pensamentos.

– Para falar de um assunto tão importante, *mon petit*, é necessário explicar como tudo começou. Por volta de 1848, diversos fenômenos estranhos começaram aparecer em várias partes do mundo. Eram ruídos, batidas e movimentação de objetos, como as mesas que rodavam em todos os sentidos, sacudiam-se e provocavam batidas forte.

– Nossa! As mesas faziam isso sozinhas?

– Não, notou-se que elas produziam o barulho na presença de certas pessoas. A princípio, o fenômeno ficou conhecido pelo nome de "mesas girantes". Por algum tempo, foi explicado como uma corrente magnética, produzida pelas pessoas, que ficavam em contato com a mesa. Depois se reconheceu nesses fenômenos uma ação inteligente.

– Como assim? Uma mesa inteligente?

– Isso mesmo Lucas, como pode um simples objeto de madeira bater o número de pancadas pedidas, ir para direita ou esquerda, na direção da pessoa indicada?

– Poderia ser a força do pensamento das pessoas

presentes. Eu já ouvi falar sobre a força do pensamento.

– Você pensou certo. Essa hipótese foi considerada, na época, por muitas pessoas. No entanto, a natureza era inteligente por vários motivos: por conseguir respostas fora do conhecimento dos participantes e até ideias completamente contrárias às suas vontades e desejos. Vamos raciocinar, meu amiguinho, a mesa dava respostas inteligentes sobre assuntos variados e desconhecidos. Essa força só podia ser de alguma inteligência invisível. Você já deve ter ouvido a frase: "Se todo efeito tem uma causa, todo efeito inteligente tem uma causa inteligente".

– Estou gostando dessa história, devia ser muito divertido ver as mesas se sacudindo.

Foi isso que aconteceu, o fenômeno virou moda na França e em vários lugares da Europa. As chamadas "mesas girantes" passaram a ser um divertimento nos salões das reuniões sociais da França e por toda Europa. Com o passar do tempo, os participantes usaram pranchetas. Uma espécie de tábuas com rodinhas e uma caneta na parte frontal. As pessoas colocavam as mãos sobre o objeto. O mesmo se movia desenhando palavras ou frases. Esses fenômenos atraíram a atenção de muitos intelectuais. Alguns deles diziam ser um tipo de ilusionismo, mas havia pesquisadores sérios, que observam os fenômenos procurando entendê-los. Eles chamaram a atenção de um pedagogo francês, cujo nome era Hippolyte Léon Denizard Rivail.

– Que nome complicado. Só entendi o primeiro nome Hippolyte, que parece com o seu.

– Senhor Hippolyte foi um respeitável professor, escritor e tradutor francês, conhecido pelo amplo conhecimento em diversas ciências. Certo dia, em 1854, ele foi convidado por um amigo a assistir ao movimento das mesas. Como todo pesquisador, constatou que as mesas respondiam inteligentemente às perguntas feitas pelos participantes. Depois de várias reuniões, Senhor Hippolyte perguntou:

– "Como pode uma mesa pensar sem ter cérebro e sentir sem ter nervos?"

E a mesa respondeu:

"– Não é a mesa que responde, mas a alma dos homens que já viveram na Terra, que se utilizam da mesa para se comunicarem." Todos os seres que se comunicavam, ao serem interrogados a respeito de sua natureza, declaravam serem espíritos. Eles pertenciam a outro mundo.

– Outro mundo? Eles eram extraterrestres?

– Eles não eram seres de mundos distantes. Mas, como eles mesmos disseram, eram as almas das pessoas que viveram aqui mesmo, no Planeta Terra. Esse outro mundo ficou conhecido como mundo dos espíritos ou espiritual. Ele não é um lugar à parte, determinado. É um mundo invisível, no qual vivemos imersos e interagimos incessantemente.

– Então, os espíritos, estão por toda parte? Por isso é que algumas pessoas dizem ter visto alma do outro mundo.

– Exatamente, *mon petit* Lucas, você o disse muito bem, algumas pessoas podem vê-los. Essas são chamadas de médiuns.

CAPÍTULO XI

Durante três anos, o eminente professor pesquisou e constatou que os fenômenos aconteciam na presença de determinadas pessoas, que ele chamou de médiuns. Assim, como os espíritos podiam traçar letras através de objetos inanimados, também podiam guiar as mãos dos médiuns para escrever.

Foi através de jovens médiuns que os espíritos superiores responderam mil e dezenove perguntas sobre questões básicas da humanidade. Quem somos? De onde viemos? Para onde vamos? Em 1857, foi lançada a principal obra espírita: "O Livro dos Espíritos". Nessa obra, os espíritos nos informam, logo na primeira pergunta, que tudo que existe no Universo foi criado por um Poder inteligente e superior. Você deve saber a resposta.

– Sei, é Deus.

– Os espíritos superiores falam de Deus e das leis perfeitas criadas por Ele. Essa perfeição nós percebemos na harmonia do pequenino átomo e nos trilhões de planetas e milhões de galáxias distribuídos por todo o Universo. Também eles nos falam das leis morais. Leis que fazem o Homem compartilhar dessa harmonia e construir sua felicidade e a felicidade dos demais. Essa felicidade é respeitar o planeta onde ele habita e todas as formas de vidas criadas por Deus e fazer o bem. Só assim haverá paz e progresso para humanidade. Os espíritos nos ensinam também que existe vida após morte. Que vamos viver muitas existências, tendo assim muitas oportunidades para atingirmos a perfeição.

– Quer dizer que esse livro explica tudo isso?

– Sim, e muito mais. Esse grande pesquisador reuniu esse conjunto de ideias e codificou em diversos livros. Ao todo são cinco os principais livros escritos. Eu vou trazê-los para você.

ETNA LACERDA

Hipólito foi até à estante e trouxe mais quatro livros e colocou-os sobre a mesa.

– "O livro dos Espíritos", a primeira obra editada. Na sequência temos "O Evangelho segundo o Espiritismo", "O Livro dos Médiuns", "O Céu e o Inferno" e "A Gênese".

Lucas observou com atenção e perguntou:

– O senhor deve ter se enganado, senhor Hipólito. Esses livros são de outro autor. Está escrito na capa de todos eles o nome Allan Kardec.

– Allan Kardec e Hippolyte Léon Denizard Rivail são a mesma pessoa. O pseudônimo Allan Kardec foi sugerido pelos espíritos e adotado pelo professor Hippolyte. Por ele ter muitos livros editados, passou a assinar Allan Kardec, para diferenciar de suas outras publicações. Allan Kardec criou a palavra espiritismo e por isso ficou conhecido como o Codificador da Doutrina Espírita.

– Preste bem atenção, *mon petit*, a doutrina é dos espíritos. Allan Kardec apenas organizou em forma didática os ensinamentos dos espíritos, para que pudéssemos entender melhor.

Lucas achou o papo interessante, mas seu estômago estava pedindo algo. Já estava se aproximando a hora do almoço. O jovem decidiu encerrar a conversa.

– Senhor Hipólito, foi bom conversar com o senhor,

mas vou para casa. Amanhã voltarei e continuaremos a conversar sobre "O Livro dos Espíritos".

– Eu estarei sempre à sua disposição *mon petit* Lucas. Até amanhã.

O jovem chamou o barqueiro e chegou à outra margem. Só então, Lucas se deu conta de uma coisa muito importante.

– Caramba, mais uma vez fiquei sem saber o que quer dizer BIP 886. Que charada complicada. História e mais história e o mistério continua. Amanhã não vou me esquecer.

Ao chegar a casa, Lucas notou sua avó na capelinha da fazenda rezando. Há dias que o jovem percebia a senhora Amélia pelos cantos da casa de terço na mão, pensativa e calada. Ela que sempre tinha uma conversa animada, indagava sobre tudo que acontecia na fazenda, dava suas opiniões e vivia recomendando cuidados em seus passeios. Será que algo a preocupava?

Ela estaria com alguma dificuldade? Quando perguntada, ela balançava a cabeça e saía dizendo que não era nada.

Na manhã seguinte, Lucas acordou cedo e foi à cozinha. Sua avó Amélia já havia preparado a mesa com leite quentinho, pão, geleia e bolo. A senhora, muito concentrada no trabalho, não percebeu Lucas atrás dela. O jovem resolveu surpreender a avó envolvendo-a num carinhoso abraço.

A senhora gritou assustada:

– Meu Deus. Que susto!

– Calma vó. Sou eu, seu neto Lucas.

Muito pálida, a senhora se desculpou e abraçou Lucas ainda muito trêmula.

Lucas estranhou o comportamento da Senhora Amélia. Ela não costumava reagir dessa maneira, quando ele a surpreendia com um abraço.

– A senhora está bem?

– Estou bem, meu querido. Foi só um susto.

Lucas serviu-lhe um copo d'água e ambos sorriram.

Após o café, Lucas saiu para o seu passeio matinal. E para aproveitar o restinho das férias, foi à casa de Hipólito, como combinado.

CAPÍTULO XII

O jovem Lucas iniciou seu passeio pelo bosque, onde muitas vezes esteve com o avô Josiel. Ele lembrava quando ambos caminhavam no lombo do cavalo. Suas pequeninas mãos segurando as rédeas, mas direcionadas pelo avô. As recordações estavam tão vivas em sua memória, que quase podia ouvir as sábias palavras de Josiel, pedindo-lhe para observar cada planta, cada árvore, cada animalzinho escondido entre as folhagens. Mostrava-lhe que o fruto caído deixava na terra a casca apodrecida, mas o gérmen da vida ressurgia em nova árvore. Até na natureza a morte é apenas uma fase dos ciclos da vida: nascer, viver, morrer e renascer. Era assim que Josiel lhe ensinava a perfeição de Deus em toda obra da criação.

Lucas pensava em seu avô, homem sábio, bondoso e tão amigo. Não pode estar morto, totalmente extinto. Sua essência, ou seja, seu espírito, com certeza, está vivo em algum lugar. Quem sabe até ouvindo os seus pensamentos?

O jovem foi despertado por um forte assobio do barqueiro, que lhe acenava com o polegar para cima, como era a saudação da época. O jovem repetiu o gesto e foi em direção ao barco.

– Olá amiguinho, vai visitar nosso amigo Hipólito?

– Sim, ele está me aguardando.

– Então suba no barco e vamos navegar.

Ao chegar à ilha nem foi preciso soar o sino, pois Hipólito já o aguardava à porta.

– Bom dia, *mon petit* Lucas, como está?

– Bom dia, está tudo bem.

– Eu vejo pelo seu sorriso, que você veio disposto a continuar nossa conversa.

ETNA LACERDA

– Sim e não.

– Sim e não, como assim?

– Sim, quero continuar nossa conversa, mas não sobre "O Livro dos Espíritos". E sim, sobre o mistério do BIP 886.

– Mistério? *Mon petit*, não há nenhum mistério.

– Ok, mas até agora eu não sei do que se trata.

– Acompanhe-me à outra sala – convidou Hipólito. Eu lhe explicarei e você verá que é tudo tão simples.

Hipólito retirou de dentro da gaveta o papel, que foi recolhido do incêndio das obras espíritas no Ato de Fé de Barcelona. Imediatamente, entregou-o a Lucas. Antes que pudesse explicar qualquer coisa, o menino se adiantou.

– Esse papel o senhor já me mostrou. Eu não entendi nada do que está escrito.

– Calma, *mon petit*, olhe com atenção que você vai descobrir algo que entende.

Lucas olhou atentamente e descobriu o número 886.

– Certo, aqui tem 886 e o resto?

– Muito bem. Vamos à tradução que está aqui em "O Livro dos Espíritos", onde eu marquei com um X. Por favor, leia em voz alta para eu esclarecer as dúvidas.

- 69 -

DIP 886

Lucas, então, leu a pergunta 886 do livro.

"Qual o verdadeiro sentido da caridade como a entende Jesus?"

– Essa pergunta Allan Kardec fez aos espíritos. Agora, *mon petit*, leia a resposta dos espíritos.

"– Benevolência para com todos. Indulgência para com as faltas alheias. Perdão das ofensas."

Lucas fitou o simpático senhor com um olhar indagador. Depois de um breve silêncio, Hipólito falou:

– Preste atenção *mon petit*, você é esperto, inteligente e eu acredito que é também estudioso. Você deve ter aprendido na escola o que é um acróstico.

– Acróstico? Se eu aprendi, não me lembro.

Lucas sorriu e completou:

– O senhor fala cada palavra complicada! Primeiro foi *"mon petit"* e agora esse acróstico, que parece até nome de crustáceo.

Hipólito sorriu enquanto observava o jovem de olhos atentos no livro.

De repente, Lucas arregalou os olhos e falou alto.

– Já sei!... Já sei! Já descobri. Matei a charada.

CAPÍTULO XIII

Hipólito sorriu com a maneira de falar do jovem Lucas.

– Então você matou a charada.

– Sim e foi fácil, fácil. Benevolência (B), Indulgência (I), Perdão (P).

– Muito bem. Você ainda matou dois coelhos de uma vez só.

– Coelhos? Que coelhos?

BIP 886

– É um ditado antigo. De uma vez só você descobriu o BIP e o acróstico.

– Bem, eu descobri o BIP, agora esse acróstico, se eu descobri foi por pura sorte. Eu ainda não sei o que é isso.

– Acróstico foi o que você fez. A inicial de cada palavra na frase gerou o nome BIP.

– Agora eu entendi o que é acróstico. E o BIP é só isso? Benevolência, indulgência e perdão.

– Isso, como você diz, é algo muito importante para nossas vidas. Por isso, os espíritos quiseram nos alertar, respondendo a pergunta nº 886 feita por Kardec.

– Como assim? Importante.

– O BIP é a chave para a construção de um mundo melhor. Benevolência significa fazer o bem. Você, por certo, não está satisfeito em ver tantas guerras, conflitos, violências e desunião. As pessoas se agredindo e destruindo o meio ambiente. A prática do bem torna os homens solidários, mais humanos, preocupados com o bem-estar de todos os seres vivos. Quer seja um ser humano, uma planta, um animal ou até seres inanimados.

– Tudo que o senhor falou é uma realidade.

– A indulgência, *mon petit* Lucas, é a compreensão

ETNA LACERDA

das faltas alheias. Isso não quer dizer que vamos concordar com toda espécie de erros. A compreensão contribui para a sociedade ter leis mais justas. Sem o desejo de vingança, os seres humanos compreenderão que muitos erram por ignorância, por falta de educação moral e por desconhecerem as leis divinas. A prática da indulgência favorece o entendimento, quer seja no lar, no trabalho, nas ruas ou em qualquer lugar. Precisamos de maior diálogo para compreender mais e melhor. Assim estaremos colaborando para paz no mundo.

O perdão das ofensas desperta em nós a compaixão. Quem perdoa é o primeiro a ser feliz e a não dar espaço para o rancor, a mágoa e a vingança. Esses sentimentos provocam tristezas, angústias e até doenças em nós. O mundo será um lugar melhor de se viver, quando todos aprenderem a perdoar uns aos outros.

– O senhor falou muito bem.

– Existe uma lei, *mon petit* Lucas, que vigora em todo o Universo, é a Lei de Causa e Efeito. Tudo que fazemos volta para nós. Quem pratica a benevolência, a indulgência e o perdão receberá o mesmo. Quem planta banana só pode colher banana, você concorda?

– Concordo. E quem plantar BIP vai colher uma porção de BIPINHOS.

- 73 -

– Exatamente, Lucas, você falou de uma maneira certa e muito engraçada.

Foi um momento de descontração entre Lucas e Hipólito, ambos sorriram como dois jovens amigos.

Logo depois o senhor entregou um "Livro dos Espíritos" a Lucas.

– Esse exemplar de "O Livro dos Espíritos" é para você, *mon petit*. Está dividido em quatro partes. Eu gostaria que você lesse com atenção a primeira parte, que disserta sobre Deus, os elementos do Universo e a Criação Divina. São perguntas que Allan Kardec fez aos espíritos, as quais eles responderam inteligentemente. Quando quiser, volte para debatermos e tirar algumas dúvidas. É um livro muito interessante, você vai gostar.

– Eu tenho certeza de que vou gostar. Eu adoro livros com perguntas e respostas, principalmente sobre esses assuntos de... Fantasmas.

Lucas falou a última palavra erguendo as mãos de forma assustadora. Depois deu uma sonora gargalhada.

– Você está hoje de muito bom humor.

Hipólito falou sorridente, enquanto o jovem se despedia e caminhava em direção à porta.

CAPÍTULO XIV

O jovem Lucas, ao chegar a casa, começou a leitura da primeira parte de "O Livro dos Espíritos". As respostas eram tão compreensíveis, que não precisou procurar o seu amigo Hipólito. Todas as tardes, depois que chegava da escola, ficava à sombra de uma bela árvore enrique-cendo seus conhecimentos sobre a vida espiritual, com a leitura do livro.

Mas, nem tudo estava tranquilo na Fazenda Boa Nova. Algo mudava a rotina da casa. Lucas observou que sua avó Amélia estava com comportamentos estranhos. Ora parecia muito preocupada e pensativa. Ora muito agitada, derrubando os objetos. Outras vezes, esquecia os alimentos que queimavam no calor do fogo. Assustava-se com qualquer barulho ou com a chegada de alguém na cozinha. Aquele seu hábito de balançar a cabeça já era tão constante, que estava se tornando um tique nervoso.

O jovem Lucas resolveu saber de sua mãe o que preocupava tanto aquela senhora. Dona Ester resolveu contar tudo ao filho, pois as atitudes de Dona Amélia já estavam impressionando todos da família.

– Sua avó anda muito ansiosa com uns sonhos que ela tem tido ultimamente.

– Que sonhos são esses?

– Sonhos com seu avô Josiel. Imagine que ele aparece dizendo-lhe: "Amélia, os tempos são chegados". Sua avó acha que é um aviso de que ela, em breve, vai morrer.

Lucas sorriu e explicou a sua mãe que os sonhos são alertas dos espíritos para nós, mas nunca avisos de morte. Nesse caso, ele já entendera a mensagem. Precisava agora, conversar melhor com sua avó.

Naquele mesmo dia, Lucas encontrou Dona Amélia sentada no jardim, visivelmente abatida.

– Olá vó, como está? Eu noto que a senhora anda

muito cansada e preocupada. O que se passa? Posso ajudar?

— Não, meu neto, infelizmente você não pode fazer nada. Eu estou sentindo que tenho pouco tempo de vida.

— Por que está pensando assim?

— Eu tenho sonhado com Josiel falando que os tempos são chegados. Acho que ele vem me buscar.

— Não pense assim. Quando dormimos nosso espírito fica mais separado do corpo físico e podemos conversar e ouvir o que os espíritos têm a nos dizer. Se ele disse que os tempos são chegados, no plural, é que muitas coisas precisam ser realizadas.

— Que coisas?

— O tempo de a senhora entender que a vida continua. Saber sobre a vida espiritual e as relações com nosso mundo. Existe um livro maravilhoso, que pode ajudá-la entender tudo isso – "O Livro dos Espíritos".

— Aquele que seu avô lia, falando sobre espíritos? Aquilo não é coisa de Deus, meu neto, não se envolva com essas crenças.

— Nada disso, vó querida, "O Livro dos Espíritos" começa justamente com a pergunta: Que é Deus? Veja que resposta completa e tão esclarecedora: "Deus é a inteligência suprema, causa primária de todas as coisas". Depois fala sobre as provas da existência de Deus e os atributos da divindade, um ser eterno, imutável, imaterial, único, todo-poderoso, soberanamente justo e bom. Tudo bem explicadinho, em forma de perguntas e respostas para não deixar dúvidas. Um livro que nos traz informações dessa natureza só pode ter origem divina. Concorda comigo?

A princípio, Dona Amélia relutou em ler "O Livro dos Espíritos". Lucas, então, sugeriu estudarem juntos. No período da tarde, os dois sentavam-se embaixo da velha árvore para ler e debater cada pergunta. Aos poucos, aquela senhora foi se interessando, pois havia muitas respostas que esclareciam suas dúvidas.

CAPÍTULO XV

Dona Amélia mostrava visível interesse em conhecer as respostas dadas pelos espíritos a Kardec. Tais como: livre-arbítrio, explicações sobre as aflições por que passam os seres humanos, razões por que uns nascem em lares felizes, outros em situação de extrema pobreza. Ela lia com muita atenção os esclarecimentos sobre as dez leis morais. Entre elas: a Lei do Trabalho, de Conservação e Destruição, de Progresso, de Liberdade e, principalmente, a Lei de Justiça e de Amor de Deus. Em tudo havia uma explicação lógica para os problemas da vida e dos homens.

A mãe e o pai de Lucas procuraram também ler o livro, que despertara tanto interesse em Dona Amélia e mudanças em seu comportamento. A senhora estava mais confiante, alegre, disposta para o trabalho, muito mais compreensiva e relacionando-se melhor com todos.

O jovem Lucas voltava sempre à casa do lago para estudar mais sobre "O Livro dos Espíritos" com seu amigo Hipólito. Ele aprendeu que nascer nesse mundo conturbado e violento tem como objetivo, a evolução do homem em busca da perfeição. Essa virtude é que nos aproxima de Deus. Estamos todos conectados à Natureza para evoluirmos juntos e participarmos da obra do Criador.

Certa manhã, Lucas encontrou Hipólito muito doente e acamado. O jovem percebeu que aquele senhor precisava de cuidados. Então, fez-lhe um convite:

– Que tal o senhor passar um tempo na Fazenda Boa Nova? Nós poderemos lhe dar uma assistência médica melhor.

– Muito obrigado pelo convite *mon petit*, mas talvez Dona Amélia não veja com bons olhos a minha presença na fazenda.

– Não se preocupe, Senhor Hipólito. Vó Amélia

atualmente é uma pessoa renovada. O senhor nem imagina as mudanças nas atitudes que o conhecimento da Doutrina Espírita proporcionou para ela.

Ao voltar para casa, Lucas procurou sua avó e falou-lhe da intenção de Hipólito passar um tempo na fazenda para sua recuperação. Dona Amélia ouviu com atenção e respondeu:

– Querido neto, tenho certeza que todos o receberemos e cuidaremos bem dele. Eu preciso mesmo pedir desculpas pelo constrangimento que anos atrás o fiz passar. É uma oportunidade de também agradecê-lo por desvendar para você e para todos nós a fonte inesgotável de conhecimento de "O Livro dos Espíritos".

No outro dia, o jovem, muito feliz, foi com Jorge à casa da ilha e trouxe o amigo para a fazenda.

Com os cuidados médicos e o carinho de todos, Hipólito se recuperou. A família Bernardes aprendeu a amá-lo e sugeriu que ele ficasse morando na Fazenda Boa Nova. Hipólito ganhara outra família pelos laços da afinidade espiritual, como explicaram tão bem os espíritos a Allan Kardec. Aquele senhor resolveu fazer mais uma boa ação, doou a casa da ilha à Colônia de Pescadores, que a ocuparam para suas atividades de pesca.

O tempo foi passando, as reuniões de estudos da

Doutrina Espírita foram recebendo adeptos entre pessoas amigas e conhecidas. Os trabalhos eram bem orientados por Hipólito que contribuía com seus conhecimentos, pois Lucas estava envolvido com os estudos. Ele passara no vestibular e o Curso de Arquitetura exigia tempo e muita dedicação.

Os anos corriam tranquilos. Numa certa manhã, a família Bernardes estava em festa. Chegara finalmente o dia da formatura de Lucas. Agora, com o título de arquiteto, Lucas era um rapaz realizado e feliz.

Após dois anos, Hipólito, muito idoso e debilitado, chamou Lucas para uma conversa reservada.

– *Mon petit* arquiteto, sinto que se aproxima o tempo de voltar para a minha verdadeira Pátria.

– Voltar para a França? Perguntou Lucas. Hipólito sorriu e respondeu.

– A verdadeira Pátria é a espiritual. Mas não se preocupe, pois um dia retornarei porque terei a oportunidade de outras existências dadas por Deus. Eu continuarei o meu progresso espiritual em alguma prova ou mesmo numa missão, em outra encarnação.

– O senhor se refere à reencarnação, que é a volta ao corpo em uma nova existência. Essa é a Lei de Justiça e Amor de Deus, dando oportunidade de evolução a todos.

ETNA LACERDA

– Isso mesmo, mas tenho algo muito mais importante para lhe falar.

CAPÍTULO XVI

Hipólito passou às mãos de Lucas um envelope, dizendo:

– *Mon petit*, é chegado o tempo de realizar o grande sonho de Josiel. Estou lhe devolvendo a planta da futura sede do Núcleo Espírita Boa Nova, como assim chamava seu avô. Tenho a lhe informar que os recursos financeiros estão a sua disposição no Banco desta cidade. Agora que você já é arquiteto, pode tornar o sonho de seu avô uma realidade.

Lucas reconheceu o mesmo envelope que anos atrás, um jovem assustado e cheio de medo foi à casa da ilha lhe entregar. Ao abri-lo, viu nos desenhos rústicos a letra de seu avô Josiel.

O jovem arquiteto começou a realização do seu primeiro trabalho – o projeto do primeiro Núcleo Espírita naquela cidade, nas terras da Fazenda Boa Nova. O local de onde somente deveriam sair coisas boas, como dizia seu avô.

Anos depois, o projeto foi realizado com sucesso. Assim surgiu o prédio do Núcleo Espírita Boa Nova. Com um confortável salão de palestras, uma biblioteca com grande quantidade de livros espíritas doados por Hipólito. Salas destinadas à Evangelização Infantil e Mocidade Espírita. Demais ambientes para os trabalhos sociais, coordenados por sua avó Amélia.

No dia da inauguração, Lucas fez uma brilhante palestra sobre a Doutrina dos Espíritos. Ele falou sobre como surgiu o Núcleo Espírita Boa Nova, a partir de um pequeno grupo familiar.

Após a reunião aproximou-se um senhor a fim de cumprimentá-lo.

– Parabéns, meu rapaz, eu gostei muito de sua exposição. Meu nome é Moacir, sou simpatizante da Doutrina

ETNA LACERDA

Espírita e sempre leio alguns romances espíritas. Mas acredito que depois de ouvi-lo falar, vou procurar estudar mais sobre a Doutrina Espírita. Sou médium e preciso compreender melhor certos fenômenos que tenho apreciado. Por exemplo, enquanto você falava eu percebi dois espíritos envolvendo-o em um terno abraço.

Moacir começou a descrever os dois espíritos na sua visão mediúnica. Pela descrição Lucas ficou muito feliz, pois só veio confirmar a presença de Josiel e Hipólito.

Lucas então convidou Moacir para conhecer os demais locais de trabalho da Instituição. Ao passar por uma sala onde se lia – SALÃO BIP, o visitante observou:
– Desculpe-me, Lucas, por que SALÃO BIP? Não seria SALÃO VIP?

Permita-me, meu jovem leitor, explicar por que Moacir pensou ser SALÃO VIP. A sigla VIP é VERY IMPORTANT PERSON. Traduzindo do inglês para o português, quer dizer, pessoa muito importante. As salas, suítes ou lugares VIPs são destinados às pessoas destacadas socialmente. Em resumo, reservados às celebridades. Presidentes, artistas, cientistas e pessoas que possuem fama e riqueza em outros setores da sociedade.

Lucas, gentilmente, explicou:

– O nome é mesmo SALÃO BIP, senhor Moacir. É a

homenagem que fiz a um grande amigo que, com muito carinho e paciência, explicou-me a Doutrina dos Espíritos. Foi ele que me esclareceu o significado da sigla BIP.

– O que quer dizer BIP? Perguntou o senhor, demonstrando visível curiosidade.

Lucas então explicou o significado de cada letra, que você jovem leitor já sabe muito bem. Ele disse ao visitante, que naquela sala eram atendidas as pessoas que necessitavam de orientação espiritual. Funcionava ali o atendimento fraterno aos que precisavam vencer suas dificuldades. Ao praticar a benevolência, a indulgência e o perdão, evitam-se rivalidades, momentos de angústia e descontrole emocional. As pessoas tornam-se equilibradas, respeitando e sendo respeitadas e amadas. Essa é a prática do bem e do amor ao próximo. A verdadeira caridade como ensinou Jesus. Por isso o lema da Doutrina Espírita é: "FORA DA CARIDADE NÃO HÁ SALVAÇÃO."

O senhor se despediu emocionado:

– Parabéns, Lucas. Nessa casa todos têm o verdadeiro tratamento especial. O melhor que se pode ter. Aprender a amar a Deus, amar a si mesmo e amar ao próximo.

Lucas agradeceu as palavras de Moacir e lembrou com emoção sua infância cheia de sonhos, medos e indagações. Ele sentiu uma pontinha de saudade da casa

ETNA LACERDA

da ilha, de seu morador simpático, estudioso e paciente. Nesse momento, Lucas parecia ate ouvir em sua mente.

– Parabéns, *mon petit*!

O Girassol que não acompanhava o Sol

Nicolau era um girassol diferente. Não acompanhava a trajetória do sol como os outros. Passava o dia observando as formigas, as aranhas e todos os insetos da floresta. Até que, de tanto girar de um lado para o outro, começou a ter problemas. Mas todos os insetos vieram ajudar. Nicolau aprendeu uma lição: cada um tem sua tarefa neste mundo, e ela deve ser executada com todo amor, pois é a tarefa que Deus nos confiou. E todas as tarefas são importantes.

Etna Lacerda | 27x27 cm
28 páginas | Infanto-juvenil

Catanduva-SP 17 3531.4444
São Paulo-SP 11 3104.1270
Sertãozinho-SP 16 3946.2450

boanova editora

EU SOU ASSIM!
Cleber Galhardi | Infanto-Juvenil
27x27 cm | 28 páginas

Era uma vez um menino muito triste, não gostava de suas roupas e achava que todo mundo se vestia bem, menos ele. Não saia de casa nem fazia amigos. Certo dia algo aconteceu... Percebeu que não adiantava agradar a todos se ele próprio não estivesse bem. Descubra com esta história como ser feliz, sendo exatamente quem é.

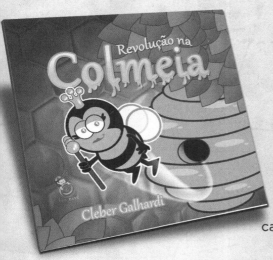

REVOLUÇÃO NA COLMEIA
Cleber Galhardi | Infanto-juvenil
27x27cm | 28 páginas

Certo dia, um grupo de abelhas decide abandonar as funções que desempenha na colmeia. Umas decidem não trabalhar, enquanto outras trocam de posto. Mas essa decisão coloca em risco a vida de toda uma sociedade. Para voltar à harmonia, é necessário que cada uma assuma os talentos naturais e exerça, através do trabalho, as aptidões que herdou da natureza.

Catanduva-SP 17 3531.4444 | São Paulo-SP 11 3104.1270
Sertãozinho-SP 16 3946.2450 | boanova@boanova.net | www.boanova.net
www.facebook.com/boanovaed

O MISTÉRIO DA CASA

CLEBER GALHARDI
16x23 cm
Romance Infanto-juvenil
ISBN: 978-85-8353-004-6

256 páginas

Uma casa misteriosa! Um grupo de pessoas que se reúnem alguns dias por semana, sempre a noite! Um enigma? O que essas pessoas fazem ali? O que significa esse código? Descubra juntamente com Léo, Tuba e Melissa as respostas para essas e outras situações nessa aventura de tirar o fôlego que apresenta aos leitores uma das principais obras da codificação de Allan Kardec.

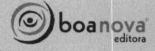

LIGUE E ADQUIRA SEUS LIVROS!
Catanduva-SP 17 3531.4444 | boanova@boanova.net
São Paulo-SP 11 3104.1270 | boanovasp@boanova.net
Sertãozinho-SP 16 3946.2450 | novavisao@boanova.net
www.boanova.net

LANÇAMENTO

MEU PEQUENO EVANGELHO
ENSINAMENTOS DE AMOR EM FORMA DIVERTIDA

DE: MAURICIO DE SOUSA, LUIS HU RIVAS, ALA MITCHELL
GÊNERO: INFANTIL
FORMATO: 20 X 26 CM
PÁGINAS: 64
EDITORA: BOA NOVA
ISBN: 978-85-8353-020-6

R$ **29,90** CAPA

PARA INFORMAÇÕES E CONDIÇÕES DE COMPRA:

CATANDUVA (SP)
(17) 3531.4444

SÃO PAULO (SP)
(11) 3104.1270

SERTÃOZINHO (SP)
(16) 3946.2450

FACEBOOK: MEUPEQUENOEVANGELHO

boanova editora

© MSP - BRASIL

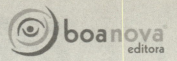

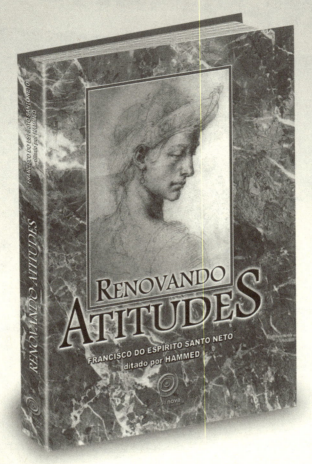

RENOVANDO ATITUDES
Francisco do Espírito Santo Neto/Hammed
Filosófico | 14x21 cm | 248 páginas | ISBN 978-85-99772-61-4

Elaborado a partir do estudo e análise de 'O Evangelho Segundo o Espiritismo', o autor espiritual Hammed afirma que somente podemos nos transformar até onde conseguirmos nos perceber. Ensina-nos como ampliar a consciência, sobretudo através da análise das emoções e sentimentos, incentivando-nos a modificar os nossos comportamentos inadequados e a assumir a responsabilidade pela nossa própria vida.

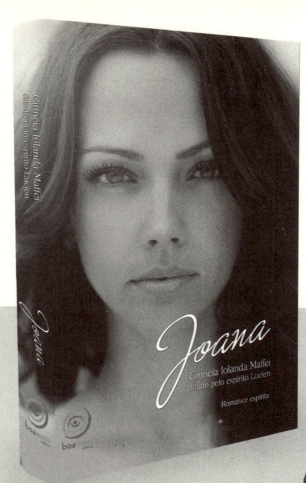

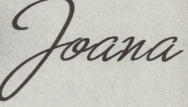

Cirinéia Iolanda Maffei ditado pelo espírito Lucien

416 páginas | Romance | 16x23 cm

Uma adolescente de treze anos, que vive em uma das favelas do Rio do Janeiro, envolve-se com Nicolas: um rapaz sedutor que lhe dá a falsa sensação de resgatá-la de uma vida simples e sofrida. Um inocente passeio em Angra dos Reis termina com seu sequestro e envio para Barcelona, onde se vê envolvida com uma quadrilha dedicada à exploração sexual. Uma pergunta não formulada permanece o tempo todo: afinal, quanto conhecemos sobre nossa sexualidade e o que nos incita a ser da maneira como somos em relação ao sexo e ao amor?

Catanduva-SP 17 3531.4444 | São Paulo-SP 11 3104.1270 | Sertãozinho-SP 16 3946.2450
boanova@boanova.net | www.facebook.com/boanovaed

ROMANCES PROIBIDOS
ARIOVALDO CESAR JUNIOR DITADO POR FERNANDES DE ALMEIDA DE MELO

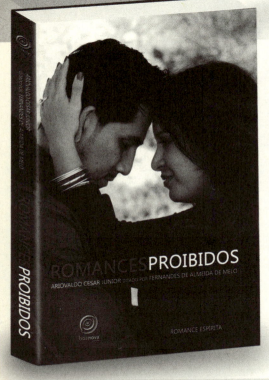

Augusto é um padre que não aceita o celibato e mantém romances proibidos. Era um conquistador hábil, que iludia com certa facilidade, sem pensar nas consequências de seus atos e na dor que causava as que se deixavam levar por suas promessas.

Mas a história toma um novo rumo quando ele se envolve com a própria filha – fruto de um de seus relacionamentos anteriores. Inicialmente ele desconhecia a gravidade de seu ato infeliz. Tempos depois, é levado a refletir e compreender sua existência como Espírito imortal. Se aprendesse com o Evangelho de Jesus não haveria sofrimento nem dor. Mas o Espírito, no estágio evolutivo em que se encontra, dominado pelo egoísmo e pelo orgulho, deixa-se levar pelas ilusões da Terra.

288 páginas
Romance Espírita | Formato: 16x23cm
ISBN 978-85-8353-016-9

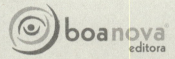

Boa Nova Catanduva-SP | (17) 3531.4444 | boanova@boanova.net
Boa Nova São Paulo-SP | (11) 3104.1270 | boanovasp@boanova.net
Boa Nova Sertãozinho-SP | (16) 3946. 2450 | novavisao@boanova.net
www.boanova.net | www.facebook.com/boanovaed